Impressum

Bibliografische Information der Deutschen Nationalbibliothek

Die Deutsche Nationalbibliothek verzeichnet diese Publikation in der Deutschen Nationalbibliografie; detaillierte bibliografische Daten sind im Internet über http://dnb.dnb.de abrufbar.

ISBN Paperback: 978-3-7451-0364-9
ISBN Hardcover: 978-3-7451-0365-6
ISBN ebook: 978-3-7451-0366-3

© 2018 Günther Pichler

Umschlagfoto: Gerald Plattner
Lektorat und Korrektorat: Margit Moravek
Illustrationen: Günther Pichler
Verlag: Business Insights by Haufe

Ein Imprint der Haufe-Lexware GmbH & Co. KG, Freiburg

Prozesskostenrechnung Einsatz & Umsetzung

Ein Buch für
Unternehmer & Geschäftsführer und
solche, die welche werden wollen....

"Wer plant, gewinnt ..."

Ganzheitliche
Unternehmensführung & Steuerung

Inhaltsverzeichnis

Vorwort

Liebe Leser,
ich freue mich, dass Sie mein Buch

„Wer plant, gewinnt ..."

gefunden haben.

Mit diesem Buch entführe ich Sie in die Welt der Unternehmensführung &-steuerung. Lesen Sie dieses Buch und sehen Sie, wie auch Sie mit der „Ganzheitlichen Unternehmensführung & Grenz-plankostenrechnungs-Methode" mehr Effizienz und Entscheidungssicherheit für die Zukunft ge-winnen.
Der große Vorteil der Unternehmensführungs- & -steuerungs- Philosophie ist, dass eine Dynamik in die Organisation kommt, die die Mitarbeiter in eine positive Richtung lenkt.
Ich wünsche Ihnen viel Spaß beim Lesen. Haben Sie Fragen, Wünsche oder Anregungen? Über Ihre Kontaktaufnahme freue ich mich!

Günther Pichler

Versteckte Unwirtschaftlichkeiten

Hier möchte ich Ihnen ein ganz spezielles Beispiel aus meiner Beraterlaufbahn erzählen. Dieses Beispiel gibt Antwort darauf, warum die „Analytische Budgetplanung" so wichtig ist.

Also: Folgendes ist mir während einer gemeinsamen Budgetierung mit einem Klienten vor einigen Jahren passiert:

Bei der Analyse der Kostenarten arbeiten wir gewöhnlich nach dem Pareto-Prinzip 80:20. Dies bedeutet, wenn wir 100 Kostenarten haben, dann entfallen auf 20 dieser Kostenarten 80% der Kosten. Bei einem Klienten war die Kostenart „Wasser" auf dem 18. Platz.

Der Controller des Unternehmens hatte beschlossen, sich nicht mit der Kostenart „Wasser" zu beschäftigen. Er zeigte die vergangenen fünf Bilanzen mit denselben Beträgen für die Wasserkosten.

Nun war die Frage: „Nicht wo, sondern wofür benötigte das Unternehmen das Wasser"?

Im Verlauf der analytischen Planung fanden wir heraus, dass das Wasser die Maschinen kühlt. Nach eingehenden Untersuchungen konnten wir feststellen, dass bei maximaler Last und Betriebsleistung der Maschinen der Wasserverbrauch etwa die Hälfte von der Kostenart „Wasser" benötigte.

Nun begann die Suche – nach der zweiten Hälfte des Wasserverbrauchs. Innerhalb des Unternehmens analysierten wir zum Beispiel Wasser für Reinigung, Kaffee, Händewaschen, Duschen in den Umkleidekabinen etc..

Die Analyse der zweiten Hälfte des Wassers war nicht wirklich erfolgreich. Daher beschlossen wir, den Wasserzähler am Freitag nach der Arbeit und dann wieder am Montagmorgen abzulesen. Es stellte sich heraus, dass der Zähler weitergelaufen ist, obwohl alle Maschinen stillgestanden sind. Ob da jemand heimlich Wasser abgezapft hat?

Nein, es wurde kein Wasser geklaut. Die Hauptleitung hatte ein Leck nach dem Zähler! So tropfte das Wasser aus der Leitung und versickerte ungenützt jahrelang!

Die Kosten für Wasser je Kubikmeter belaufen sich auf ca. 1,- Euro und die Kanalgebühr ist mit 2,- pro Kubikmeter anzusetzen.

Das Unternehmen versuchte folglich, mit dem Wasserwerk bzw. der Abwasserorganisation, wenigstens über die Kanalgebühren, erfolgreich zu verhandeln.

Mein Resümee: Über diese Art der Gemeinkostenplanung konnte ich bereits bei vielen Klienten Kostenarten aufdecken, die jahraus, jahrein enorme Summen verschlungen haben.

Sind Sie sicher, dass der Strom des Nachbargebäudes, nicht auf Ihrem Stromzähler hängt?

Die Basis der Greko Methode

- Transparenz in allen Bereichen
- Betriebswirtschaftlicher Überblick
- Sicherheit bei Entscheidungen
- Eigenverantwortliche Teams

Abbildung 1 Wasserhahn

Die Greko Methode

Jeder Unternehmer und jede Führungskraft brütet täglich Stunden über mangelhafte Geschäftsprozesse und den nicht erreichten Zielen.
Die Greko Methode ist über Jahre entstanden, um die zunehmende Komplexität in Unternehmen zu beherrschen. Aus den Daten der Kosten und Leistungen **ein maßgeschneidertes, auf Ihre Unternehmenskultur abgestimmtes Führungskonzept**. Es legt den Grundstein für klar strukturierte Abläufe. Dadurch entstehen Freiräume für die Potential-entfaltung der Mitarbeiter in allen Bereichen.

Greko ist zum einen die Methode, zum anderen unterstützt die Greko Software, diese Methode als Werkzeug zur erfolgreichen Umsetzung. Greko beruht auf den Grundsätzen der prozesskonformen Grenzplankostenrechnung nach Hans Georg Plaut. Bitte schrecken Sie sich nicht vor dem langen Namen. Es gibt keine Blackbox, alles ist mit GMV d.h. mit gesundem Menschenverstand erklärbar- und gibt Antworten, wo andere Technologien nicht mehr weiterwissen. Oft kommt wie aus der Pistole geschossen, diese Technologie funktioniert nur bei einem Produktionsbetrieb.

In einer Auskunftei wird seit über 30 Jahren mit der Greko Methode gearbeitet. Da arbeitet jeder Mitarbeiter in der Produktion, die Ergebnisse sind eben keine Werkstücke, sondern „Auskünfte" mit allen Prozessen dahinter, die notwendig sind um den Kunden zufrieden zu stellen. Die Komplexität zu beherrschen bedeutet, alle Prozesse, die für einen anderen Prozess arbeiten zu verbinden, zu visualisieren und zu verrechnen. Wir nennen diesen Vorgang iLv innerbetriebliche Leistungsverrechnung. Im Zeitalter von Industrie 4.0 sind die Leistungserfassungen kein Thema mehr und somit steht nichts mehr im Wege, Mitarbeiter zu begeistern und die Vorteile zu heben.

Ihre Vorteile:

- Mehr Zeit für das Wesentliche (für Innovation, Mitarbeiter, Kunden, Familie, Freizeit, etc.)
- Maßgeschneiderte Kalkulationen
- Visualisierung der Prozesskosten
- Informationen für mehr Sicherheit bei Entscheidungen
- Begeisterte Mitarbeiter
- Steigerung der Kundenzufriedenheit
- Stärkung der Führungsakzeptanz

Warum wollen wir uns das antun?

Vielleicht sollte ich Ihnen erzählen, wie ich zu Greko (der prozesskonformen Grenzkostenrechnung) gekommen bin:

Als Führungskraft in einem Familienkonzern, war ich verantwortlich für die Übersiedlung eines Lagers von A nach B.
Es gab monatliche Budget-Plan-Ist-Vergleichssitzungen.

Die Planungsprämisse ergab sich mit monatlich 160 Leistungsstunden. Es gab in meinem Bereich Monat für Monat „negative" Abweichungen. Es war wirklich frustrierend, denn ich habe immer mehr Projekte übernommen, als man in der normalen Arbeitszeit hätte schaffen können. Die Abwicklungsqualität und Termine der Projekte wurden stets eingehalten – natürlich musste mein Bereich einfach mehr leisten!

Eigentlich war der Plan-Ist-Vergleich „PIV" bzw. die Ist-Abrechnung eine Sammlung von Kostenarten auf Kostenstellen. Also gab es keine Leistungsverrechnung. Da ich mehr geleistet hatte als meine Kollegen, sind bei mir natürlich auch mehr

Arbeitsstunden angefallen und ich bin trotz Mehr-leistung schlechter dagestanden als andere. Da-mals beschloss ich, ein faires Verrechnungssystem zu suchen oder zu entwickeln.

Im Zuge meiner Aus- & Weiterbildung sanierte ich ein paar Jahre später als kaufmännischer Leiter ein Tochterunternehmen. Während meiner Ausbild-ung bin ich auf „Greko" gestoßen.

Ab dieser Zeit hatte ich ein Instrument, das die Kosten und Leistungen in ein Verhältnis brachte, um diese in weiterer Folge als Prozesskosten im Unternehmen kreuz und quer verrechnen zu können.

Und so wurden die Grenzkosten bei mehr Leistung auch entsprechend angepasst. Damit entwickelten wir ein „faires" SIV Soll-Ist-Vergleich Instrument, das die erbrachte Leistung mittels Kostensatz auch wirklich dorthin verrechnet werden konnte, wo die Leistungen anfielen.

„Nicht wo sind die Kosten angefallen, sondern für welche Leistungen?"

Die Kommunikation steigt enorm und bringt Führungskräfte und Mitarbeiter an einen Tisch – man
hat Informationen in der Hand über die man die
Performance, die Kosten und die Verrechnungen
auf Kostenstellen, Projekte, Aufträge und Kostenträger exakt nachvollziehen kann. Erst dann entsteht die Möglichkeit, die Prozesse zu verbessern. Eigentlich finden wir immer wieder enormes
„Know How" in den Unternehmen. Man braucht
nur die Bereiche Mitarbeiter-Teams, Prozessma-
nagement, IT über die Ablauforganisation und
natürlich die Qualitätssicherung einzubinden, die
ja ausgebildet sind Prozesse zu analysieren und zu
verbessern. Allerdings ohne Kosten weiß man nie
ob man richtigliegt!

Jeder Mitarbeiter kann seine Leistungen mitver-
folgen – Kostenstelle, Bezugsgröße, Teilprozess-
wo diese in der Kostenträgerkalkulation hin
verrechnet werden.

Am Ende des Tages haben wir alle Informationen
für die:

- Unternehmenssteuerung
- Mitarbeiter, die die Kosten verursachen
- Vor- und Nachkalkulation
- Deckungsbeitragsrechnungen

Nun sehen die verantwortlichen Teams die Kosten im Verhältnis zu ihren Leistungen als Preiszettel! Der Effekt ist enorm. Denken Sie nur an Projekte, die mit Preiszettel (Kostensätze) kalkuliert wurden, die sich über einen längeren Zeitraum ziehen.

Das Herzstück dieser Arbeit ist die Steuerung der Kostenstellenkosten und Leistungen. Durch den monatlichen SIV Soll-Ist-Vergleich werden die Abweichungen transparent und können sehr leicht einer Korrektur unterzogen werden. Damit sind die kalkulierten Preise unserer Produkte und Dienstleistungen immer im Fokus.

Können Sie sich so eine Besprechung mit diesem Zahlmaterial vorstellen? Target Costing liegt auf der Hand, herauszufinden welche Prozesse veränderbar sind und wie sich diese auf die Prozesskalkulation der Produkte und Dienstleistungen auswirken?

Im Zuge der Mengen- & Preisplanung zeigen uns integrierte Simulationen - d.h. „was-wäre-wenn-Funktionen" auf Knopfdruck die Kapazitätsengpässe von Mitarbeitern und Maschinen gleichermaßen an!

Mitarbeiter brauchen Sicherheit und eine Methode, die Transparenz und verständliche Informationen liefert. Mitarbeiter wollen geführt, d.h. zum Ziel hingeführt werden. Dafür muss einerseits die Komplexität überwunden werden, andererseits müssen Teams die innovativen Prozessverbesserungen in der Organisation kommunizieren können.

Dabei entsteht eine Eigendynamik im Betrieb, die für die Entwicklung der Mitarbeiter-Teams von enormer Wichtigkeit ist.

Abbildung 2 Quelle: Organisation Koechert - Deckungsbeitragsrechnung

Das Schöne an der Greko Philosophie ist, dass die Mitarbeiter, wie beim Kegeln, die Resultate ihrer Leistungen in einer ehrlichen, fairen Weise z.B. via Intranet einsehen können.

Damit entsteht Vertrauen und der Drang zur Verbesserung (KVP ein kontinuierlicher Verbesserungsprozess). Ein Nebeneffekt, der bei der Verbesserung entsteht, ist die Innovation.

Wenn man ein Software Werkzeug wie Greko einsetzt, dann übernimmt man auch die Führungsphilosophie, die diesem Werkzeug zu Grunde liegt.

Wir als Führungskräfte haben die Verpflichtung, unsere Mitarbeiter zum Ziel hinführen, Modelle zu entwickeln und Prozesse zu simulieren. Die Mitarbeiter müssen so geführt werden, dass der vorgegebene Rahmen oder die Regeln ausreichend Spielraum gewähren, damit die Umsetzung der neuen Arbeitsweise wirklich Spaß macht, sich einzubringen. Grundvoraussetzung dafür ist ein klar formuliertes strategisches Ziel. Details zu diesem Thema finden Sie im Teil – „Strategieentwicklung mit System - Ganzheitliche Unternehmenssteuerung nach Mercedes".

Es ist schon interessant zu beobachten, dass viele Unternehmen keine erprobten Steuerungs-Methoden einsetzen, stattdessen immer wieder alles neu erfinden wollen.

Man hat das Gefühl, wirklich fleißig zu sein und bemerkt bei all den Bemühungen nicht, dass das Geld aus den Leitungen des Unternehmens tropft, ohne das Ergebnis zu verbessern.

Es ist eigentlich so wie mit dem Holzarbeiter, der eine stumpfe Säge hat und sagt: „Ich habe keine Zeit die Säge zu schleifen, ich muss Bäume fällen!" Festgefahren im Prozess, „das haben wir immer schon so gemacht", müssen aufgebrochen werden.

Die Zeiten, in denen „nur" die Manager die Denkarbeit erledigt haben, sind vorbei.
Die Lösung heißt,

"Eigenverantwortliche Selbststeuerung"

von Teams. Delegieren Sie die Verantwortung an Mitarbeiter-Teams.

Die Organisationsform der Pyramide muss der Zellenorganisation weichen. Situationsgebundene Entscheidungen bedeuten, dass *„Jeder"* Teil des Unternehmenserfolgs ist und daher mit Mitverantwortung trägt!

Die Greko Methode bringt Ihnen für die
Unternehmensführung folgende

Vorteile:

- Verstehen aller Geschäftsprozesse
- Kundenorientierung
- Klarheit bei Entscheidungen & Umsetzung
- Eigenverantwortliches Denken & Handeln
- Flexibilität bei der Einsetzbarkeit
- Verringerung von endlosen Besprechungen
- Mehr Zeit für das Wesentliche

Abbildung 3 alte Orga-Form vs. Neue, siehe Links unten
(Niels Pfläging Wiesbaden 2013)

„Unproduktiv, aber nicht faul!"

Von 60 Minuten Arbeitszeit, sind nur 37 Minuten produktiv.

Czipin Consulting Studie über die Produktivität in Österreich Quelle: media.net 2013

Von 60 Minuten sind 37 Minuten Produktiv = 61,6%. Das sind umgerechnet 85 unproduktive Tage im Jahr!

5% Arbeitsmoral und lange Pausen
8% IT-Probleme
6% zu wenig Schulungen
5% schlechte Kommunikation

Die Gründe dafür sind eine schlechte Organisation und ein „armseliger" Führungsstil!

"Dass das Potenzial nicht genutzt wird, liegt weniger an den Beschäftigten, sondern vielmehr an schlechter Planung."

Czipin meint, das Ziel sollte bei 51 Minuten liegen!

1. Arbeitsprozesse klar definieren

2. Mit den Teams erreichbare Ziele vereinbaren

3. Übertragung der notwendigen Verantwortung

Ich sehe in den Geschäftsprozessen die Vorgabe von Zielen als wesentliche Herausforderung für Mitarbeiter in Teams.

Nur Mitarbeiter, die vor Ort und in den vor- und nachgelagerten Prozessen arbeiten, sind in der Lage, die Planung und Steuerung zu übernehmen.

„Es geht auch anders ...

Dm-Drogeriemarkt. Die erfolgreichste Marke im deutschen Einzelhandel bezeichnen die Marktforscher als „Paradebeispiel für ein nachhaltiges und kontinuierlich verbessertes Leistungsversprechen".

Ein tolles Beispiel ist der dm-Drogeriemarkt, der gleich um die Ecke bei Ihnen jeden Tag die Form der dezentralen Netzwerkorganisation lebt und diesen Führungsansatz umsetzt.

In meinem Heimatort kenne ich alle dm-Mitarbeiterinnen persönlich. Jede von ihnen hat eine Top Ausbildung. Alle erledigen alle Arbeitsprozesse, die anfallen. Es gibt keinen Chef! Die Regale sind immer nachbestückt und ordentlich. Kennt man sich wo nicht aus, ist immer jemand da, der freundlich hilft. Die Kassa bestellt die Ware nach. Die Stimmung unter den Mitarbeiterinnen fühlt sich für mich sehr gut an.

Und der Erfolg kann sich sehen lassen!

Derzeitige Situation

Die Verhältnisse von Wachstum, Rentabilität, Sicherheit und Vollbeschäftigung sind in vielen Branchen, Märkten und Unternehmen in Unordnung geraten.

Für den, der den Anschluss verpasst, werden „die Zeiten schlechter", wird „der Wettbewerb härter". Wer die Schuld für eigene Probleme bei anderen sucht, dem bleibt verborgen, dass man mit jeder hinausgeschobenen Entscheidung Zeit und damit auch Geld verliert. Das bedeutet, dass man selbst lernen muss, besser zu werden als der Wettbewerb und nicht die Schuld bei den „schlechten Zeiten" sucht.

Welche Themen haben wir?

- Anspruchsvollere Kunden
- Klare Kommunikation
- Richtige Informationen
- Steigende Kosten
- Mangelnde Transparenz
- Unmotivierte Mitarbeiter

Jede Organisation hat individuelle Ansprüche an die Produkt- / Marktkombination. Daher sind die Führungskräfte gefordert, diesbezüglich die Information für ihre Teams als Serviceleistung zur Verfügung zu stellen. Hier soll ein kunden-orientierter Leistungskatalog mit Verrechnungs-preisen entstehen.

Im Vordergrund stehen der Kunde und das Team. Alles andere muss überdacht werden! Die Trans-formation heißt nichts anderes als Umdenken, wie man die Organisation in Zukunft aufstellt. Dezentrale Netzwerkorganisationen benötigen Serviceleistungen wie Regeln, Informationen und somit Transparenz und Organisation.

Jedes Unternehmen hat einen gewissen Reifegrad in Hinblick auf das Geschäftsmodell, die Aufbau- & Ablauforganisation, den Geschäftsprozessen, den Produktlebenszyklus, die Kultur und das Lernen und Wissensweitergabe, um Innovationen zu er-zeugen und umzusetzen.

Natürlich gibt es in den meisten Unternehmen eine Kostenrechnung – zumindest glaubt das die Geschäftsführung. In der Regel ist es eine Kosten-sammlung auf groben Kostenstellen, die restlichen Kosten werden zum Schluss einfach umgelegt.

Anforderungen

Das Dilemma beginnt bereits damit, dass die wahren Kosten nicht bekannt sind. Mehr Transparenz und mehr Effizienz sind gefordert. Glauben Sie mir, hätten Sie die wirklichen Kosten von Ihren Produkten und Dienstleistungen, würden Sie ganz andere Entscheidungen treffen.

- Überprüfung der Kalkulation, des Kundennutzen und der Produkt- / Marktkombination

- Talente für die Umsetzung der gesteckten Ziele aus dem eigenen Unternehmen finden

- Konzentration auf die Unternehmenskernkompetenzen

- Vermarktungsmöglichkeiten bewerten und nutzen

- Wertschöpfungsketten _messbar_ verbessern

- Teams entwickeln eigenständig Zielvorgaben und Verbesserungen

Strategie-Entwicklung mit System

Bevor Sie mit der Prozesskostenrechnung beginnen, erstellen Sie bitte jedenfalls eine Budgetplanung und einen Finanzplan.

Mit der Finanzplanung erhalten Sie eine wichtige Aussage in Bezug auf den Lebensnerv -
die *„Liquidität"*.

Für die Planung benötigen Sie zuerst „die" Strategie, d.h. eine, die sinnstiftend in der Unternehmung kommuniziert werden kann. Mitarbeiter müssen stolz auf das Unternehmen sein können. Sie müssen GLAUBEN, ein Teil im BESTEN Unternehmen zu sein. Es ist enorm wichtig für die Mitarbeiter zu wissen, wofür man die volle Leistung einbringen soll.

Woher kommen die Zahlen für das Marketing? Ohne Analyse über Absatzzahlen, Preisqualität, Produkt- & Kunden – Deckungsbeiträge geht eigentlich gar nichts!

Durch welche Aktivitäten werden die Umsatzsteigerungen erzeugt? Sind die Kosten für die Anstrengungen auch wirklich überlegt und kalkuliert?

Stillstand ist Rückschritt!

Fast alle Kulturen, die sich nicht weiterentwickelt haben, sind vom Erdboden verschwunden. Daher gibt es lt. Albert Deyhle den WEG für Erfolg – wer nicht den WEG geht, ist mit der Zeit weg!

Wachstum – Entwicklung – Gewinn

Der Name unserer Firma lautet

advanced profit control.

Damit meine ich den Gewinn zu steuern, die Entwicklung voranzutreiben, um das Wachstumsziel zu erreichen.

Das Marketing benötigt detaillierte Analysen:

- DB nach Kunden
- DB nach Produkten
- DB nach Vertriebskanälen
- DB nach Verkaufsgebieten
- DB nach Verkäufern

In der Brillenfabrik Durchblick GmbH werden Ziele transparent dargestellt. Daraus leiten sich die Planungsprämissen und die Visualisierung für die Absatz- & Umsatzplanung ab. Drei Produkte und deren Entwicklung für das nächste Jahr.

Strategisches Geschäftsfeld 1. Jahr

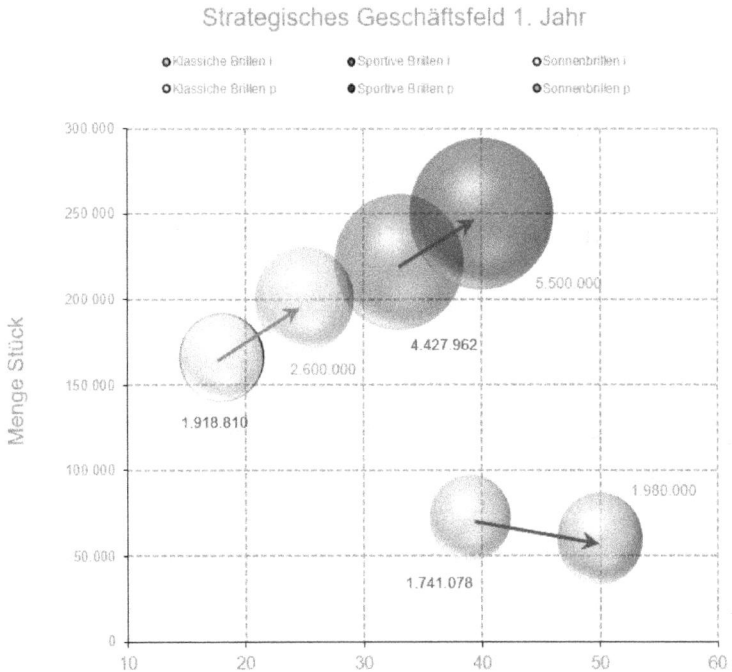

Abbildung 4 Umsatzplanung Brillenfabrik Durchblick

Das effektivste Strategie-Entwicklungssystem ist das, nach der Methode von Remmel. Stellen Sie sich ein Fadenkreuz vor, das in 4 Q's eingeteilt ist. Man geht gegen den Uhrzeigersinn vor.

Entwicklung
zukunftsweisender
Visionen und tragfähiger
Strategien

Einrichtung
leistungsfördernder
Aufbauorganisation

Erarbeitung
Erfolg versprechender
Geschäftsmodelle

Gestaltung
optimierter Prozesse
und Abläufe

Abbildung 5 Quelle © Remmel

Betriebswirtschaftliche Begleitung der Strategieentwicklung

- Veranlassen bzw. Beschattung von Markt- und Wettbewerbsanalysen
- Bewertung des Produkt- / Marktportfolios auf bestehende / neue Märkte & Produkte
- Plausibilisierung der strategischen Umsatz- & Ertragsziele der verschiedenen Produkt- / Marktkombinationen.
- Bewertung alternativer Geschäftsmodelle
- Analyse & Bewertung der Wertschöpfungstiefe (make or buy)
- Untersuchung von Kooperationsnotwendigkeiten /-möglichkeiten

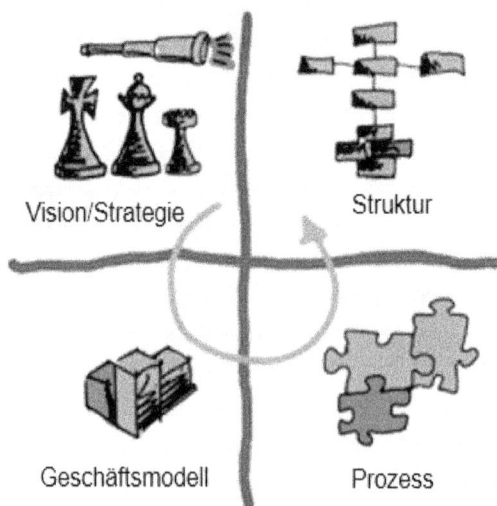

Abbildung 6 Quelle Remmel die 4 Q's

Ganzheitliche Unternehmensführung

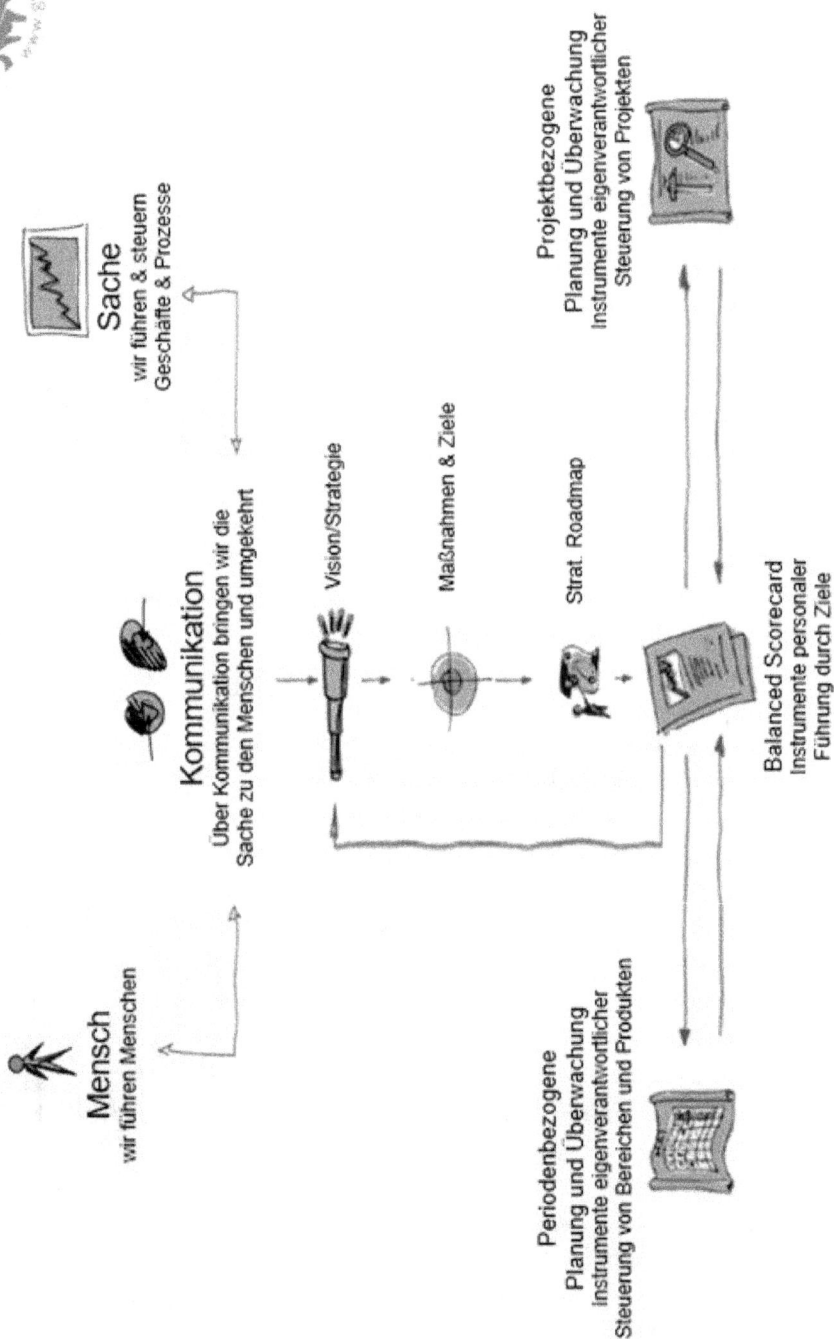

Mensch
wir führen Menschen

Sache
wir führen & steuern
Geschäfte & Prozesse

Kommunikation
Über Kommunikation bringen wir die
Sache zu den Menschen und umgekehrt

Vision/Strategie

Maßnahmen & Ziele

Strat. Roadmap

Projektbezogene
Planung und Überwachung
Instrumente eigenverantwortlicher
Steuerung von Projekten

Balanced Scorecard
Instrumente personaler
Führung durch Ziele

Periodenbezogene
Planung und Überwachung
Instrumente eigenverantwortlicher
Steuerung von Bereichen und Produkten

Abbildung 7 Quelle Remmel Ganzheitliche Unternehmensführung

Strategieumsetzung auf der Prozess- und Strukturebene

- Definition und Analyse von Geschäfts-prozessen, mit dem Ziel der Minimierung von Schnittstellen.

- Optimierung der Geschäftsprozesse, ausgehend von den in der Balanced Scorecard personifizierten Maßnahmen & Zielen, nach Klärung möglicher Zielkon-flikte zwischen den Prozessbeteiligten, produkt-, bereichs- und projektbezogene Planung und Überwachung.

- Damit die Einführung einer BSC wirklich von allen angenommen wird, darf man nicht nur harte Zahlen-Ziele wie Umsatz, Deckungsbeitrag, Kostenreduktion etc. formulieren, sondern muss es auch verstehen, weiche Ziele zu entwickeln. Z.B.:„ein Konzept ist fertig am…" oder: „bei der Innovationsentwicklung liegen die Prototypen vor am…."

- Die Mitarbeiter und Führungsteams legen die Qualitätskriterien für die Ablieferung von Führungsleistungen fest.

Brillenfabrik Durchblick [Brillen Geschäft]

Balanced Scorecard (BSC) Ebene 0

advanced profit control
apc.consulting GmbH

S/O	Maßnahmen & Ziele	Termine	Messgrößen	Einsparung	100%
K18/1	Analyse der bestehenden A Kunden Sportbrillen, intensive Kundenpflege zwecks "Schadensbegrenzung"	Ende Dezember	Umsatz/DB Anzahl Kunden/Potential		
K18/2	Selektive Kundenpflege außerhalb der bisherigen Kernmärkte	Anfang Dezember	Umsatz/DB Anzahl Kunden/Potential	80% / 90%	95%
K18/3	Forcierung des "Neuproduktes" Sonnenbrillen IV bei B Kunden in den Kernmärkten	Anfang Dezember	Umsatz/DB Sonnenbrille IV	92%	
K18/4	Neukundenaquise Sportbrille "Ultra" in bisherigen Kernmärkten	Anfang Dezember	Umsatz/DB Sportbrille "Ultra"	70% / 90%	99%
K18/5	Verstärkte Kundenpflege Classic Brillen bei bestehenden Kunden in Kernmärkten	Anfang Dezember	Umsatz/DB Anzahl Kunden/Potential		
K18/9	Analyse/Aufbau Vertriebswege und Vertriebspartner Russland, Nahost, England, Italien, Skandinavien	Anfang Dezember	Pläne Nahost & EN liegen vor, für RUS, SCA & I bis Ende März 2018 (Partner)		

Abbildung 8 Quelle Remmel & Pichler Scorecard die angenommen wird...

35

Wie generieren Sie Innovationen?

Wir entwickeln mit der Belegschaft einen „d. o. n. i.", d.h. day of new ideas. Wir fordern und fördern die Mitarbeiter, Ideen zu liefern – immer und immer wieder...

Viele Strategie-Projekte werden weder gut aufgesetzt, noch entsprechend verfolgt und es gibt schon gar kein Projekt-Controlling. Strategie-Entwicklung bedeutet nicht, dass sich der Chef und ein Berater in ein Zimmer einsperren und einige Folien gebären!

Da braucht es schon viel mehr und vor allem Teamleader, Mitarbeiter, Kunden, Lieferanten, Querdenker, ein Mix aus blauen und grünen Mitarbeiter, neben den roten und den gelben nach Carl Gustav Jung – Insights Discovery®

Diese Technologie kann ein Ansatz sein, auf alle Fälle kommt die Organisation ins Gespräch und es versteht jeder den anderen etwas besser als zuvor.

Wichtig dabei ist der Umgang mit der Fehlerkultur, man lernt aus Fehlern und darf auch etwas ausprobieren.

8 Schritte zur Greko Prozesskostenrechnung

Die Greko Prozesskostenrechnung ist eine Grenzplankostenrechnung, die sich auf indirekte Geschäftsbereiche bezieht.

Die Kosten werden nach Aktivitäten geplant und mittels Kostensatz (Preiszettel der Tätigkeit) auf die prozesskostenorientierte Kalkulation verrech-net.

In den meisten Unternehmen herrscht Klarheit über die „produktiven" Kosten: Materialeinsatz, Fremdleistungen, Maschinenstundensätze und Mitarbeiterstundensätze.

Was ist aber mit den „unproduktiven" Kosten, wie Verwaltung, Vertrieb, IT, Forschung & Entwicklung? Wie sollen diese Kosten auf die Produkt- und Dienstleistungskalkulationen ver-rechnet werden? In den meisten Unternehmen geschieht das in Form von mehr oder weniger dubiosen Gemeinkostenzuschlägen.

Mein Mentor hat immer zu mir gesagt: „Wir erstellen eine Prozesskostenrechnung und keine dubiosen Gemeinkostenumlagen.
1930 hat Al Capone die letzten umgelegt...!"

Keine Angst vor der Leistungserfassung, da habe ich schon meine Wunder erlebt. Das ging von Kündigung bis zum Lob von Mitarbeitern, die gemessen werden wollten bzw. die auf ihre Leistungen ein Feedback wie in der Produktion erwartet hätten.

Das Ziel der Prozesskostenrechnung ist die Verbesserung der Planung, Steuerung und Kontrolle der indirekten Bereiche.

Wir müssen weg von dubiosen Gemeinkostenumlagen, wir sind es den bisher umgelegten Mitarbeiter-Teams schuldig!

Schritt 1. Erlösplanung

Absatz- / Umsatzplanung

Die Zielsetzung sollte sein: „Steigerung der Umsätze, mehr Mengen verkaufen, die Verkaufspreise erhöhen und die Erlösschmälerungen wie Rabatte und Skonto zu verringern."

Einen wesentlicher Teil für unseren Erfolg stellt dabei die Herausforderung der Innovationen dar. Das einzigartige Verkaufsversprechen, (USP - Unique Selling Proposition) funktioniert nur dann, wenn wir auch wirklich eines haben!

Über das Jahr sammeln wir einerseits Daten wie Umsatz je Kunde, Rabatte, Skonti und die Deckungsbeiträge in unseren IT Systemen.

Genauso wichtig ist es, Informationen von Kunden, Lieferanten und der Konkurrenz zu sammeln und auszuwerten. Überlegen Sie einmal dazu, welche Personen den ersten und welche Personen den letzten Kontakt mit den Kunden haben?

Rufen Sie doch einfach einmal selber in Ihrem Unternehmen an und erleben Sie wie Sie empfangen werden? Wie oft muss es läuten bis das Telefon abgenommen wird? Und rufen Sie einmal außerhalb der Dienstzeiten in Ihrem Unternehmen an…

Diese Bindeglieder zwischen Kunden und unserem Unternehmen sind extrem wichtig. Gibt es bei Ihnen für diese Funktionen ein klares Kommunikationskonzept? Was ist, wenn der Kunde Fragen stellt? Was darf ein Endkundenpunkt Monteur, Kellner, Verkäufer oder unser LKW-Fahrer bei der Zustellung über unser Unternehmen sagen? Wenn es z.B. Beschwerden gibt, wie wird damit umgegangen? Haben Sie ein Reklamationsbuch, welches für alle Mitarbeiter zugänglich ist?

Genau an diesem Punkt, hat jeder dieser Mitarbeiter die Möglichkeit, die Kaufgewohnheiten und Bedürfnisse der Kunden in Erfahrung zu bringen und diese Informationen im Unternehmen weiter zu geben.

Sie erkennen daraus kundenindividuelle, regional begrenzte oder saisonale Optimierungspotentiale sowie Maßnahmen zur Verbesserung der Absatz- & Umsatzsteigerung.

Den ersten Auswertungen des Vertriebscontrollings folgt die Betrachtung der Beziehung von den Bemühkosten, d.h. einen Kunden an Land zu ziehen, Anfragen zu Angeboten und Angebote zu Aufträgen zu machen. Dazu sammeln Sie über das Jahr die erforderlichen Daten. Durch die Analysen ergeben sich wertvolle Aussagen, wie viele Aufträge aus einer gewissen Anzahl von Anfragen, beziehungsweise Angeboten entstanden sind. So kann vertriebsübergreifend bestimmt werden, an welchen Stellen im Akquise-Prozess und bei der Abwicklung von Bedarf und Anfragen Verbesserungen erzielt werden können, um mehr Aufträge mit hohen Deckungsbeiträgen zu gewinnen.
Clustern Sie Ihre Kunden und Produkte mit der ABC Analyse in Einheiten, die der Vertrieb besser beherrschen kann.

Konfrontieren Sie Ihre Vertriebler auch mit dem Thema des „Working Capital" und den Außenständen? Oft sind es nur Kleinigkeiten, warum ein Kunde nicht gezahlt hat. Nützen Sie die Gelegenheit mit dem Kunden zu reden - es zahlt sich aus!

Kennzahlen für die Absatz-Optimierung:

- Analyse Marktvolumen & Sättigungsgrad
- Außendienst fördern & fordern
- Analyse Produkt-/Marktkombination
- Deckungsbeitrag und die Preisqualität
- Rabattierungen und Skonti
- Außenstände und Reklamationen
- Kundennutzenanalyse nach Schauenburg
- Kundenzufriedenheit
- Kundenbindung
- Besuchseffizienz

Neben der klassischen Umsatzplanung, sollten Sie auf alle Fälle eine Absatzplanung mit Mengen durchführen. Damit legen Sie den Grundstein für die nachfolgende Planung der Einkaufsmengen, Produktionsmengen und die Kapazitäten, die Sie während des Planungsprozesses auf Engpässe analysieren.

Ihre Vorteile

- Sie steigern Absatzmengen und Umsatz durch Analyse und zielgerichtete, fokussierte Planung und Ist- Abweichungen
- Sie schaffen eine verbindliche Zielsetzung
- Sie setzen Maßnahmen auf Basis von Plan- / Ist-Vergleichen
- Sie reduzieren Erlösminderungen (Skonti, Boni, Rückvergütungen)

Schritt 2. Aufbau der Strukturdaten

Ich empfehle, für die Einführung ein IT-Programm zu verwenden. Ohne ein IT-Programm werden Sie nicht in der Lage sein, den Überblick zu behalten. In der Brillenfabrik Durchblick wurde auf das IT-Programm Greko.at gesetzt.

Der Aufbau der Grunddaten:

- Kostenstellen
- Kostenarten
- Kostenträger
- Aufträge
- Personal-Kapazitäten
- Tätigkeiten
- Kundenstamm
- Artikelstamm, usw.

Maßgeschneidertes Controlling

Durch die neuen Herausforderungen der Transformation und Digitalisierung, der neuen Geschäftsmodelle, die für das Überleben der Firmen notwendig werden, sind immer die Prozesse und die Prozesskosten im Mittelpunkt.

Bei jedem ICV Controller Congress in München, reden die großen Bosse von SAP, Siemens, Lufthansa etc. immer über die Wichtigkeit des Prozessmanagements und der Prozesskosten.

Unternehmen mit neuen Geschäftsmodellen im Vertrieb, aber auch in der Organisation mit „Eigenverantwortlicher Selbststeuerung", ziehen die größte Aufmerksamkeit auf sich. Das Zauberwort ist heute Flexibilität in Verbindung mit schnellen Simulationsmethoden.

Gestalten Sie Ihr Controlling rational – steuern Sie gezielt, gewinnen Sie wertvolle Informationen und fundieren Sie damit wichtige Entscheidungen in Richtung neuer Geschäftsmodelle.

Ihre Mitarbeiter werden in Zukunft immer höhere Anforderungen an das Controlling stellen. Nur mit einem Controlling-System, das auf die Bedürfnisse Ihrer Organisation maßgeschneidert ist, werden neue Talente in Ihr Unternehmen kommen und Sie werden Ihre wertvollen Mitarbeiter behalten.

Schritt 3. Planung von Preiszetteln

Ermittlung von Kostensätzen

Mit den o.g. Strukturdaten beginnt die Planung von Kostenstellen. Man verrechnet diese Kosten anschließend in Form von Kostensätzen = Preiszettel mittels Leistungsmengen auf die Empfänger (Kostenträger).

Gibt es bereits eine vermeintliche Kostenrechnung, die „nur" eine Kostensammlung mit Umlagen darstellt, nimmt man diese Daten als Grundlage in die Planung der Kostenstellen.

Wurden bisher keine Kontierung der Kostenarten auf Kostenstellen und Kostenträger in der Fibu durchgeführt, dann erarbeitet man mit Hilfe der Saldenliste einen Betriebsabrechnungsbogen (BAB).

Der tolle Nebeneffekt bei dieser Erarbeitung des BAB Betriebsabrechnungsbogens ist, dass die verantwortlichen Mitarbeiter die Kostenstruktur des Unternehmens kennen lernen und natürlich ihren eigenen Bereich mit ganz anderen Augen sehen.

Hat man die nach Kostenstellen kontierten Buchungsjournalzeilen aus der Fibu zur Verfügung, übernimmt man diese in die Masterplanung der Kostenstellenrechnung. Und schon hat man die Kostenstellen-Planung der primären Kosten erstellt.

In allen Medien wird über moderne Führung und Eigenverantwortliche Selbststeuerung berichtet- dazu braucht es aber die nötigen Grundlagen für die Umsetzung.

Die Greko Methode liefert die Preiszettel, nach entsprechender Aufbereitung, und bietet die Grundlage für jeden Mitarbeiter, seine Leistungen transparent darzustellen.

Die Führungskräfte und Mitarbeiter haben die Möglichkeit, die Leistungen einzusehen, die Zielerreichung zu prüfen und damit das Feedbacksystem aufzubauen. Lob, Anerkennung und Wertschätzung motivieren die Mitarbeiter immer weiter.

Mit den bisherigen Verrechnungssystemen entstehen dubiose Gemeinkostenschlüssel, die wie mit einer Gießkanne verteilt werden und somit keine aussagefähige Kalkulation gewährleisten.

Ermittlung von Kostensätzen für aussagefähige Kalkulationen.

Durch die ILV (interne Leistungsverrechnung) erhält man völlig andere Kostensätze. Es ist im Sinne der Ressourcenplanung sehr spannend für alle Kostenstellenverantwortlichen diese vorsorglich zu planen - somit sind alle Sender und Empfänger in Verantwortung ...

✓ BZ Aufteilung   KOA Verteilung

Kostenstelle	120	*** Finanzbuchhaltung ***	>		Planungsblätter
Werk	1	Durchblick Austria	Bezugsgröße 5	Debit Mahnwesen	1.200,0
			Verantwortliche(r)	LEH Martin Lehner	

Anmerkung ein

ZL	KOA	Bezeichnung	BA	W	KST	BZ	AUF	ME	Menge	Preis	Gesamt	Prop.	Mahn	Fox
0010	00001	PROZESSPLANUNG						Std.	213,3	0,000	0	0	0	0
0110	62000	Gehälter						Std.	277,2	17,333	4.806	4.806	0	0
0111	90550	Kalk. GNK	A	1			500500	%	4.805,6	0,610	2.931	2.931	0	0
0114	78000	Aus- & Weiterbildung							0,2	2.103,751	473	473	0	0
0280	76000	Büromaterial						EUR	0,0	0,000	56	56	0	0
0270	77550	Rechts- u. Beratungskosten						EUR	0,0	0,000	338	0	338	0
0280	73900	Porti & Postkosten						EUR	0,0	0,000	51	51	0	0
0301	92001	Kalk Raumkosten	K	1	200	1		m²	1,1	18,982	21	0	21	0
0310	92101	Kalk. Stromkosten	K	1	210	E		kWh	11,3	0,054	1	1	0	0
0320	92201	Kalk IT Prozesskosten	K	1	220	A		EStd	28,2	29,719	837	422	415	0
0330	92301	LE Telefon- & Kommunikation	K	1	230	1		EinH	2.254,0	0,151	339	270	69	0
0900	90900	Kalk. Afa						EUR	0,0	0,000	124	0	124	0
1999	99990	Sekundäre Fixkosten	K	1	230	1		EinH	2.254,0	0,024	55	0	55	0
1999	99990	Sekundäre Fixkosten	K	1	200	1		m²	1,1	25,627	29	0	29	0
1999	99990	Sekundäre Fixkosten	K	1	210	E		kWh	11,3	0,027	0	0	0	0
1999	99990	Sekundäre Fixkosten	K	1	220	A		EStd	28,2	5,461	154	0	154	0
0100								EUR	0,0	0,000	0	0	0	0
										Plankosten	10.216	9.010	1.206	
										Plankostensätze	8.513	7.508	1.005	

Abbildung 9 Planungsblatt einer Kostenstelle/ Bezugsgröße

Wie funktioniert die Prozesskosten-
rechnung?

Bei der Prozesskostenrechnung werden Hauptpro-
zesse (Kostenstellen) zu Teilprozessen herunterge-
brochen. Und diese Teilprozesse dann nochmals zu
Tätigkeiten. Die Tätigkeiten werden sachlich zu-
sammengehörend und kostenstellenübergreifend
zugeordnet.

Beispiel:

- Hauptprozess: Rechnungswesen
- Teilprozess: Debitorenmanagement
- Tätigkeiten: Bonitätsprüfung, Neukunden,
  Fakturierung, Mahnwesen

Im nächsten Schritt werden die Tätigkeiten in Bezugsgrößen erfasst, z.B. Anzahl der Kunden-
stammpflege, Anzahl von Buchungen der
Ausgangsrechnungen, Anzahl der Kontrollen von
Abzügen Skonti, Anzahl für die Bonitätsprüfung
und Anzahl der Mahnungen.

Wichtig dabei ist der Empfänger (Bezieher der
Leistung). Für wen haben wir die o.g. Leistungen
erbracht?

Keine Sorge, meine Damen und Herren, die Daten für die Leistungserfassung stecken in der Regel in sämtlichen Excel-Sheets Ihres Unternehmens. Wenn man ein modernes System im Sinne von Industrie 4.0 aufbaut, dann darf es keine „Stricherl-Listen" geben!

Die Planung der Bezugsgrößen ist die Voraussetzung für Vorgaben – ähnlich wie in der Produktion. Und die Basis für die Produktivitäts-messung. Damit bekommt jeder Kostenstellen-verantwortliche ein Werkzeug in die Hand, um seinen Bereich führen zu können.

Was bringt nun die Prozesskostenrechnung?

Die bisher nicht zurechenbaren, administrativen Kostenstellen bzw. die Strukturkosten (Bemühkos-ten-Fixkosten) werden aufgelöst. Nun lassen sich diese Kostenstellen wie „produktive" Kostenstellen auf einzelne Produkte und Dienstleistungen ver-rechnen.

Die Kosten der einzelnen Prozesse und die Mengen der erbrachten Leistungen schaffen Transparenz, die jeder versteht. Die verantwortlichen Teams erkennen dadurch Möglichkeiten zur Rationalisie-rung und zur Produktivitätssteigerung.

Die Teams können eigenverantwortlich sämtliche Abläufe besser und effizienter organisieren.

Ihre Vorteile

- Jede Bezugsgröße/Teilprozess bekommt einen Preiszettel angehängt
- Die Teams erarbeiten Vorgabezeiten für Tätigkeiten selbst
- Es entsteht ein Kostenbewusstsein
- Unproduktivitäten und Unwirtschaftlichkeiten werden erkannt
- Transparenz verbessert die Entscheidungen
- Steigerung der Produktivität
- Statt Gemeinkostenzuschlägen - ehrliche Verrechnungspreise (Preiszettel)
- Abweichungen werden rasch erkannt
- Monatliche Messungen erleichtern Verbesserungen
- Erfolgsausweis der Gemeinkostenstellen
- Höhere Leistungen bei geringeren Kosten
- Ressourcen werden frei für Innovationsprojekte
- Verrechnungspreise iLv- OECD konform

Schritt 4. Verrechnung iLv

Kostenstellen, die für andere leisten

Die sogenannte iLv, innerbetriebliche Leistungsverrechnung, das sind Kosten einer Kostenstelle,
die auf eine andere Kostenstelle ihre Leistungen x
Preiszettel (Kostensatz) verrechnet. Diese Verrechnung stellt eine der wichtigsten Kosteninformatio-
nen einer guten Prozesskostenrechnung dar, um
die wahren Kosten einer Kostenstelle zu erhalten.
Aus Erfahrung weiß man, dass der Kostenanteil der
iLv einer Kostenstelle sehr oft über 50% liegt.

Wir gehen davon aus, soweit wie möglich alle
Kostenstellen / Leistungen, eben auch die Verwalt-
ungs- & Vertriebskostenstellen auf Kostenträger,
Aufträge und Projekte zu „verrechnen".

Damit entsteht ein neuer Ansatz für Mitarbeiter,
sich selber als eigenverantwortliche Team-Leader
mit Kosten- und Leistungszahlen zu sehen.

Erstens, entstehen mit dieser neuen Technologie
die Elemente moderner Führung, die
Zielerreichung, als höchste Motivationsstufe nach
Herzberg – im Sinne eigenverantwortlicher
Zielvorgaben zu erarbeiten.

Zweitens, entsteht ein faires, auf Fakten basierendes *Feedback-System* oder anders ausgedrückt: die *Anerkennung und Wertschätzung,* die Menschen brauchen.

Bisher hat niemand mit der Finanzbuchhaltung über Leistungskennzahlen gesprochen und damit kam es auch nicht zu dem o.g. Feedback - weil die Kosten der Fibu einfach mit einem Schlüssel umgelegt wurden!

Natürlich erbringt die Fibu Leistungen, die für die weitere Informationsaufbereitung enorm wichtig sind.

Besondere Sorgfalt muss bei der Einführung der Prozesskostenrechnung in allen administrativen Bereichen an den Tag gelegt werden.

Eine Kostenstelle ist der „Sender" und die andere der „Empfänger". Im Normalfall einer Planung beginnt der Sender, seine Kosten und Leistungen zu planen und mittels Leistungsmengen x Preiszettel an den Empfänger zu verrechnen.

Um die benötigten Kapazitäten vom Empfänger festzulegen, gibt dieser seinen Bedarf an benötigten Leistungen einer Kostenstelle/Bezugsgröße bekannt.

Es entsteht somit ein kaufmännischer Vertrag zwischen Sender und Empfänger. Erstens über den Preis (Preiszettel der Leistung) und Zweitens über die geplante Abnahme von Leistungen.

Mitarbeiter wollen ihre Leistungen zeigen und dafür gelobt werden. Wann haben Sie das letzte Mal die Mitarbeiter in der Finanzbuchhaltung, Qualitätssicherung, Haustechnik, etc. gelobt?

In der Abbildung 10 sehen Sie die Kostenstelle Finanzbuchhaltung, die normalerweise in der Verwaltung als Zuschlagsatz untergeht.

Wenn sich bei diesem Satz auch viele Professoren aufregen werden, bei uns sind alle Kostenstellen verrechenbar!

W	Kostenstelle			Bezugsgröße	ME	Planmenge	GKS
1	120	*** Finanzbuchhaltung ***	1	Buchungen	Buch	60.000,0	1,865
1	120	*** Finanzbuchhaltung ***	2	LE Debitoren Buchungen	AR	6.000,0	6,244
1	120	*** Finanzbuchhaltung ***	3	LE Debit Kundenstamm	Anz.	2.000,0	8,239
1	120	*** Finanzbuchhaltung ***	4	LE Debit Bonitätsprüf.	Ausk	250,0	48,566
1	120	*** Finanzbuchhaltung ***	5	LE Debit Mahnwesen	Mahn	1.200,0	9,251
1	120	*** Finanzbuchhaltung ***	6	LE Debit Ausfälle bearb	Ausf	20,0	91,060
1	120	*** Finanzbuchhaltung ***	7	LE Debit Briefe schreib	Brie	210,0	4,336

Abbildung 10 Teilprozesse der Kostenstelle Finanzbuchhaltung

Jeder Mitarbeiter erbringt eine Leistung, die zum Gesamterfolg beiträgt. Damit unterscheiden wir nicht mehr in produktive und unproduktive Kostenstellen!

Und nur so entsteht die Grundlage für die „eigenverantwortliche Selbststeuerung."

Was glauben Sie, wie sich die Mitarbeiter fühlen, wenn die Leistungen transparent vorliegen und diese das erste Mal vor den Kollegen präsentiert werden?

Viele Mitarbeiter arbeiten freiwillig ohne Bezahlung bei Vereinen oder sind Weltmeister im Triathlon, weil sie im Beruf nicht gefördert und gefordert werden.

Mitarbeiter kennen ihre Leistungsmengen genau!

Schritt 5. Aufbau der Kalkulation

Kostenträger- Kalkulation

Um die Kalkulation transparent zu gestalten, empfiehlt sich die Anwendung einer Deckungsbeitragsrechnung. So sehen alle Mitarbeiter ihre Leistungen in der Kalkulation. Damit entsteht eine Kommunikation zwischen den Mitarbeitern und ihren Prozessen. Nur wenn man Prozessschritte so misst und entsprechend darstellt, kann man diese auch nachhaltig verbessern.

Der Aufbau von Kostenträgern, hängt immer von der Sortimentbreite und -tiefe ab. In welchen Detailierungsgrad man zu Beginn gehen sollte, hängt von den Daten und deren Aufbereitung ab.

In manchen Fällen hat man bereits viel geschafft, wenn man auf Produktgruppen eine erste Kalkulation erstellt.

Dieses Mal ist der Sender die Kostenstelle und der Empfänger eine Produktgruppe, Kostenträger oder Projekt.

Der Freund vom Chef Firma VIP Optik bringt die gesamte Fertigung durcheinander. Die Bestellungen müssen vorgezogen werden, die Aufträge werden in Überstunden abgewickelt und Änderungswünsche an den Modellen bringen enorme Herausforderungen mit sich. Mehr Umsatz und weniger DB...

Plan Ist Vergleich - Auftrag

Periode von 1801 [v] bis 1802 [v]

Wi	Auf Nr	Bezeichnung	ME	Verantwortlich(er)	AGR	AA	AKL	AKAT	GE
1	000010	Prod. 111.010 Klassik	pcs	Fritz Fleißg	30	PA	5.360,0	22,3%	0

Relativziffern   Nein (•)   Ja ( )

Periode 1802

Die Abweichung der Mengen ist mit 22,3% sehr positiv

	Plan	Ist	Abw.	Bezeichnung	Menge Plan	in % BL	Ist	in % BL	Abweichung	%
+	70.425,0	55.139,9	-21,7%	Betriebsleistung	140.850,0	55,5%	158.865,9	63,1%	16.015,9	11,4%
+	29.359,5	43.616,0	26,1%	Warenensatz	78.719,1	55,9%	99.232,0	63,1%	20.512,9	26,1%
+	116,7	143,0	22,6%	Fremdleistung	233,2	0,2%	286,0	0,2%	52,7	22,6%
+	30.948,8	5.380,9	-82,6%	Rohertrag	61.897,6	43,9%	57.347,9	36,6%	-4.549,7	-7,4%
+	23.284,1	27.388,6	17,6%	Prozesskosten	46.988,1	33,7%	66.411,7	42,3%	19.843,5	42,6%
(-)			100,0%	Sonst. Kosten						
+	7.664,7	-22.007,7	-387,1%	Deckungsbetrag II	15.329,5	10,9%	-9.063,8	-5,8%	-24.393,2	-159,1%
+	7.212,2	9.752,9	35,2%	Fixkosten	14.424,4	10,2%	22.994,6	14,7%	8.570,3	59,4%
	452,6	-31.760,6	-7.118,0%	Ergebnis	905,1	0,6%	-32.058,4	-20,4%	-32.963,5	-3.641,9%

Die Abw. im WES und die Prozesse müssen analysiert und Konsequenzen daraus gezogen werden ...' Die Produktionsleitung hatte alle Hände voll zu tun, siehe nur die Abw. - um die Kundenwünsche zu erfüllen. Hier empfehlen wir die Methode AKVU anzuwenden.

	Plan	Ist	Abw.	KOA	Bezeichnung
	65,4	65,4	-	91201	LE Finanzbuchhaltung
	64,8	103,7	60,0%	93001	LE Einkauf
	400,0	480,0	20,0%	93101	LE Rohmaterial Lager

PER	BA	W	Herkunft	KOA	Text	Beleg Nr	Datum	ME	Menge	Preis	Gesamt
1801	B	1	KST3101	93101	94001	1802	180228	Mbu			
1802	B	1	KST3101	93101	93001	1802	180228	Mbu			
					93101	1802	180228	Mbu			

Plan	Ist	Abw.	KOA	Anz Materialbuchungen	Summen	Plan	Ist	Abweichung	%
1.291,6	3.099,8	140,0%	94001	Anz Materialbuchungen	2.582,2	9.299,5	6.716,3	260,0%
136,4	272,8	100,0%	93001	Anz Materialbuchungen	272,8	545,6	272,8	100,0%
1.755,7	2.174,1	23,8%	95001	LE Metallverarbeitung	3.511,4	4.348,2	836,9	23,8%
2.581,2	1.651,9	-36,0%	96001	LE Rüsten Kunststoffspritzerei	5.162,3	4.542,8	-819,5	-12,0%
				1.439,85	959,90	479,95		

Abbildung 11 Plan-/Ist-Vergleich des Artikel Brille Classic

56

Schritt 6. Plausibilisierung

Abstimmung & Plausibilisierung der Planung

In dieser Phase sprechen wir vom Kneten der Planung. Alles wird verprobt! Sind auch wirklich alle Leistungen verrechnet, hat jeder seine Erlöse, Kosten, Prozesse & Leistungen überprüft? Sind auch alle Leistungsmengen verrechnet worden?

Wie verproben Sie, ob es überhaupt möglich ist, mit Ihrem Unternehmensimage, mit dem Vertrieb, mit den Produkten, mit den Services Ihres Unternehmens die geplanten Umsatzzahlen zu erreichen?

Kundennutzenanalyse

Wir verwenden für diese Verprobung die Kundennutzenanalyse von Schauenburg. Schauenburg hat ein System zum Vergleich mit dem Mitbewerb entwickelt. Er stellt eine Kriterien-Struktur nach einem Schema auf, gewichtet und bewertet diese Kriterien.

Der Kundennutzen entsteht durch die Markt-position und den Produktnutzen. Der wiederum besteht aus dem technischen -, kaufmännischen -, operationellen Nutzen usw.

Schauen Sie bitte selber in der Grafik, da ist eine Bestandsaufnahme für eine Kriterienstruktur eines Pati enten-Monitoring Geräts dargestellt.

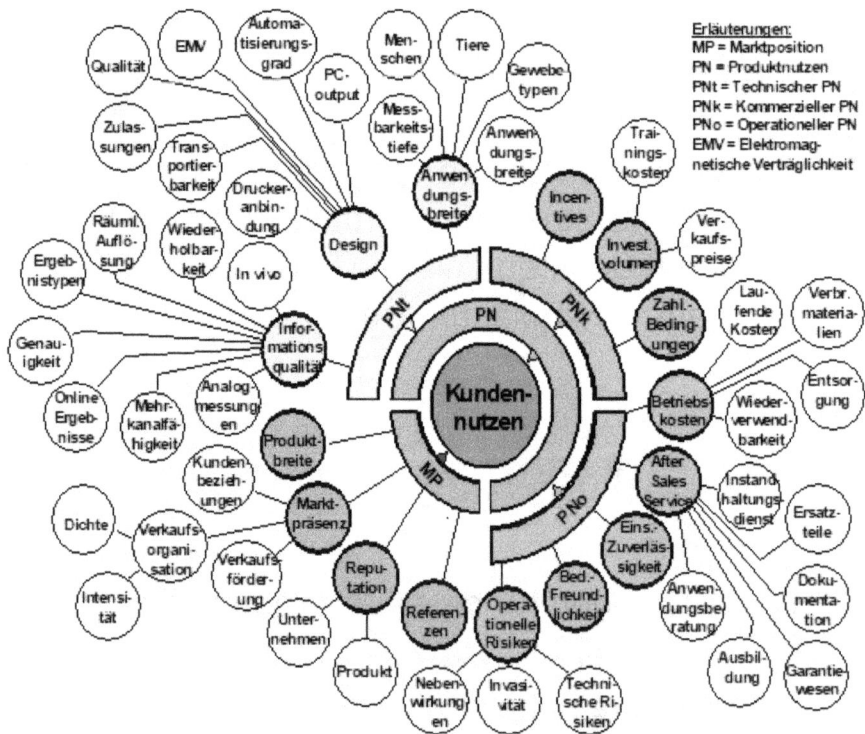

Abbildung 12 Kundennutzenanalyse nach Schauenburg für ein Patienten Monitoring Gerät

Der vom Kunden tatsächlich wahrgenommene Nutzen wird der **Schlüssel zum Markterfolg**.

Ihr Vorteil

- Die **Kundeninformationen** (z. B. aus Wettbewerbsstudien, Kundenuntersuchungen oder Marktbeobachtungen) sollen geordnet und systematisiert werden
- Die **Kundenerwartungen** sollen festgestellt und transparent gemacht werden
- Das **Kundenverständnis** muss besser entwickelt werden
- Die **Kundenorientierung** muss genauer erfolgen.

| Die Lösung | Der Nutzen |

Marktkenntnisse
(z. B. Erfahrungen, Marktstudien, Data Warehouse, Info Systeme, usw.)

Richtige Fragestellungen

KNA-Verfahren

Handlungs-Empfehlungen

Kundennutzenanalyse als Bindeglied zwischen Marktstudie und Strategieplan

Marktaktionen

Das KNA©-Verfahren bietet einen vielfältigen Nutzen:

- Kundenerwartungen werden in ihrer vollen Komplexität transparent gemacht.
- Kaufentscheidungsprozesse können simuliert werden, um zielgerichtet Schwächen in der eigenen Wettbewerbsfähigkeit aufzudecken.
- Unternehmensleistung und Kundenerwartungen können mit vernünftigem Aufwand synchronisiert werden.
- Maßnahmen zur Verbesserung der eigenen Wettbewerbsstärke können optimal aufeinander abgestimmt werden.

Abbildung 13 Quelle Schauenburg Lösung & Nutzen

Alle Leistungen (Menge x Preiszettel) sind auf Kostenstellen oder als Leistungsprozesse auf Kostenträger verrechnet. Siehe auch die Abbildung „Leistungssummen Abbildung 14".

Die Kontrolle zeigt: alle Leistungen sind verrechnet.

Leistungssummen

W	KST	BZ	Bezeichnung	ME	Verrechnete Leistungen		Verr. Menge	Planmenge	Verr. Diff
					Kostenstellen	Prozesse			
1	120	2	LE Debitoren Buchungen	AR		6.000,0	6.000,0	6.000,0	
1	120	3	LE Debit Kundenstamm	Anz		2.000,0	2.000,0	2.000,0	
1	120	4	LE Debit Bonitätsprüf	Ausk		250,0	250,0	250,0	
1	120	5	LE Debit Mahnwesen	Mahn		1.200,0	1.200,0	1.200,0	
1	120	6	LE Debit Ausfälle bearb	Ausf		20,0	20,0	20,0	
1	120	7	LE Debit Briefe schreib	Brie		210,0	210,0	210,0	
1	120	9	LE Debit Team & Projekte	Std.		10,0	10,0	10,0	
1	130	1	LE Controller Hausbesuche	Std		3.280,0	3.280,0	3.280,0	
1	150	1	Entwicklungsstunden	Std		5.080,0	5.080,0	5.080,0	
1	180	1	LE QS Wareneingangsprüf	Eing		11.000,0	11.000,0	11.000,0	
1	180	2	LE QS Warenausgangsprüf	Ausg		60.000,0	60.000,0	60.000,0	
1	180	3	LE QS Mangel - Mgmt	Mäng		900,0	900,0	900,0	

Abbildung 14 Ausschnitt über die Verrechnung der Kostenstellen - Leistungsmengen

- Kennen Sie die Deckungsbeitragsziele?
- Sind die Kapazitäten der strategischen Projekte geplant?
- Wo sind zu viele Mengen-Leistungen verrechnet?
- Wo findet sich ein Abnehmer dafür?

In dieser Phase kommen die Unwirtschaftlichkeiten ans Tageslicht, die man schon jahrelang mitgeschleppt hat! Die analytische Planung bedeutet Aufwand, aber dieser lohnt sich jetzt und in der Zukunft.

Schritt 7. Ist-Abrechnung

Ist-Leistungs-Erfassung

Unser Anspruch an die Ist-Abrechnung heißt Qualität & Geschwindigkeit. Die Ist-Abrechnung und speziell die Leistungserfassung wird bereits in der Planung mitbedacht. Eine Planung ohne Ist-Daten ist sinnlos!

Die Kosten und Erlöse sollten keine Probleme bereiten. Der Import ist genau geregelt und die Datensätze dementsprechend aus der Finanzbuchhaltung hinterlegt. Ein Kontierungs-Konzept wird erstellt und beim Importieren werden die Daten auf Plausibilität kontrolliert. Entsprechende Fehlermeldungen werden sofort in einer eigenen Spalte dargestellt. Um die Fehler rasch in den Griff zu bekommen, sind entsprechende Umbuchungen, aber auch Zuordnungen der Kostenstellen, Kostenarten oder Kostenträger möglich. Natürlich sollte auch beim Sender die Zuordnung geändert werden.

Die Leistungserfassung findet meistens in vielen verschiedenen Programmen statt.

Datenherkunft

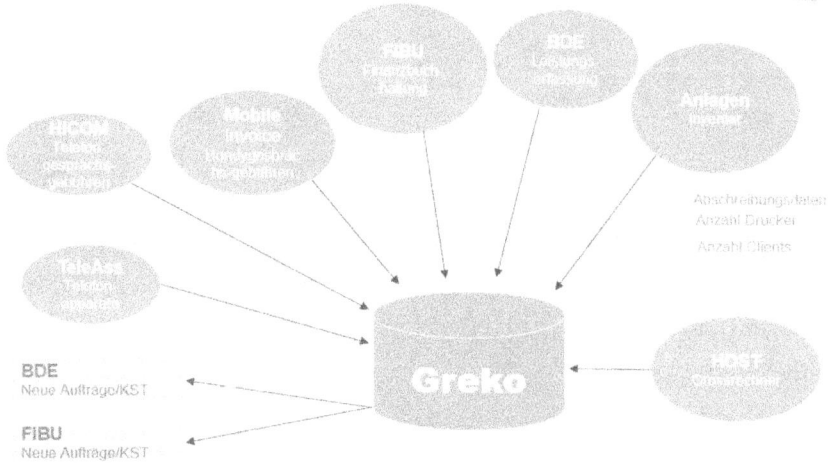

Abbildung 15 Herkunft der Basis-Daten von Leistungsmengen für die Ist-Abrechnung

Hier muss man ganz klar festhalten, dass „Stricherl - Listen" kein geeignetes Leistungserfassungsinstrument sind.

Daher empfiehlt sich, von Anfang an, ein Erfassungstool einzuführen.

Diese Datenbank muss als Minimalanforderung zumindest in Excel die Leistungen erfassen und automatisiert übergeben können. In der Regel finden wir immer einen Weg, mit dem alle Beteiligten leben können!

Ihr Vorteil

- Fehlkontierungen beim Import erkennen

- Ein Plausibilisierungsprogramm kontrolliert, auf Knopfdruck in "allen" Daten

- Einfache, unkomplizierte Um-Kontierungs- möglichkeiten

- Zugriffs- und Auswertungsmöglichkeiten für die Verantwortlichen der Selbststeuerung

- Grundlage für den Aufbau einer Scorecard

Schritt 8. Analysen & Auswertungen

Erkennung – Verbesserung – Vermeidung

Wer gesät hat, kann nun die Ernte einfahren!

Jetzt kommt, neben den Überraschungen der Unwirtschaftlichkeiten aus der Planung- siehe Metapher „tropfender Wasserhahn"-, der schönste Teil. Jeder Verantwortliche wertet seine Daten nach dem Prinzip der „Eigenverantwortlichen Selbststeuerung" aus.

Der Soll-Ist-Vergleich ist im Gegensatz zum Plan-Ist- Vergleich, die echte, wirtschaftliche Aussage einer Kostenstelle.

Damit halten sich in Zukunft die Ausreden der Mitarbeiter in Grenzen. Die stufenweise Deckungsbeitragsrechnung zeigt die Leistungsmengenverrechnung der Sender (Kostenstellen / Bezugsgrößen) auf den Kostenträger.

So kann der Verantwortliche sehr gut erkennen, wer seine Leistungen lt. Planung überschritten hat.

Verbesserungen werden im nächsten Monat genau mitverfolgt.

Somit erkennen alle Mitarbeiter, wie die Kosten mit den Leistungsmengen in Verbindung stehen.

Transparenz hilft bei allen Verbesserungen, die richtigen Maßnahmen einzuleiten.

Ihr Vorteil

- Visualisierung der Leistungen - Scorecard
- Verbesserungen werden messbar
- Renner & Penner
  Preiszettel / Kostenträger / Kunden
- Abweichungen bei den Kostenstellen durch „echte" Soll-Ist-Vergleiche
- Kosten-Transparenz von Leistungen
- Kunden-DB-Rechnung

Buchempfehlungen

„Beyond Budgeting"
Niels Pfläging

„Flexible Plankostenrechnung &
Deckungsbeitragsrechnung"
Wolfgang Kilger

„Prozesskonforme Grenzplankostenrechnung"
Heinrich Müller

„Kundennutzenanalyse"
Jochen Schauenburg

„Kosten-Controlling & Prozessverbesserung"
Dieter Andreas / Klaus Eiselmayer

„Führen mit flexiblen Zielen"
Niels Pfläging

„Coachen und Führen mit System"
Dieter Bischop

In eigener Sache

advanced profit control- apc consulting GmbH

Die apc ist ein unabhängiges Wirtschaftsberatungs-
unternehmen, das sich als festes Netzwerk selbst-
ständiger Fachexperten etabliert hat.

Mein Unternehmen heißt advanced profit control.
Vorab möchte ich klarstellen, dass damit nicht „Cost
Cutting" gemeint ist. Mein Ziel ist es, Unwirtschaftlichkeiten aufzudecken, um Kapazitäten frei zu bekommen und Zeit für Innovation zu erhalten.

Weiters wollen wir dafür sorgen, Transparenz entstehen zu lassen, damit die Mitarbeiter selbst,
Team-Leader und Eigentümer sowie die Geschäftsführung, sehen, wie fleißig die Mitarbeiter sind.

apc bietet Consulting-Dienstleistungen zur Unternehmensführung &-steuerung mit den Schwer-
punkten:

Ganzheitliche Unternehmensführung

- Strategische & operative Unternehmens-
  planung
- Begleitung bei der Umsetzung

Kosten- & Leistungsmanagement

- Produkt- / Artikelprozesskalkulation
- Soll-Kostenrechnung
- Stufenweise Deckungsbeitragsrechnung
- Vertriebscontrolling
- Spartenrechnung
  etc.

Team-Leader-Information

- Transparenz der Leistungen und Kosten
- Aufbau der Firmen-individuellen Scorecard

Der entscheidende Unterschied zu sonstigen „Beratern" ist, dass wir neben der analytischen Beratung auch in die aktive Umsetzung eintreten und eine Methodik installieren, die es ermöglicht, Ergebnisse langfristig zu messen, zu steuern und zu kontrollieren.

Durch die Kombination von Teamführungs-Kompetenzen und Geschäftsprozessmodellierung in Verbindung mit einem Softwarewerkzeug, unterscheidet sich die apc wesentlich von unserer geschätzten Konkurrenz.

Im Folgenden entwickelt und vertreibt apc eine, auf einer Datenbank aufgebauten Software für die prozesskonformen Grenzplankostenrechnung als Entscheidungswerkzeug für Führungskräfte.

In diesem Zusammenhang erbringt die apc mit ihren Kooperationspartnern Beratungsleistungen und vermittelt methodisches Know-how für die Implementierung, Integration und Einsatzoptimier -ung dieser Software bei Klienten.

apc arbeitet mit Netzwerkpartnern in Österreich, Ungarn, Deutschland und der Schweiz zusammen. Meine Klienten kommen aus allen Teilen der Welt.

Abkürzungen

AA	Auftragsart
ABW	Abweichung
AGR	Auftragsgruppe
AKAT	Auftragskategorie
AKL	Auftragsklasse
AUF	Auftrag
BABGR	BAB Gruppe
BABZ	BAB Zeile
BGRP	Budgetgruppe
BPOS	Budgetposition
DBG	Deckungsbeitragsgruppe
DBZ	Deckungsbeitragszeile
EXP	Daten für markierten Auftrag werden exportiert
FIX	Fixkosten
FKS	Fixkostensatz
GE	Geschäftseinheit
GK	Grenzkosten
GKS	Grenzkostensatz
GNK	Gehaltsnebenkosten
iLv	Innerbetriebliche Leistungsverrechnung
KOA	Kostenart
KST	Kostenstelle
KVP	Kontinuierlicher Verbesserungsprozess
LNK	Lohnnebenkosten
MER	Managementerfolgsrechnung
PE	Preiseinheit
PIV	Plan-Ist-Vergleich
PNK	Personalnebenkosten
PROP	Proportionale Kosten
PZ	Prozesszeit
SA	Standardauftrag
SIV	Soll-Ist-Vergleich
VKK	Verrechnung kalk. Kosten
VZ	Vorzeichen

Stichwortverzeichnis

Abbildungen

Notizen: doni (day of new ideas)

Notizen: doni (day of new ideas)

Notizen: doni (day of new ideas)

Notizen: doni (day of new ideas)

Notizen: doni (day of new ideas)

Notizen: doni (day of new ideas)

Notizen: doni (day of new ideas)

Notizen: doni (day of new ideas)